Hermann Wollschlaeger

Sommerferien in Tirol

Reise-Erinnerungen

weitsuechtig

Hermann Wollschlaeger

Sommerferien in Tirol

Reise-Erinnerungen

ISBN/EAN: 9783956561177

Auflage: 1

Erscheinungsjahr: 2013

Erscheinungsort: Bremen, Deutschland

@ weitsuechtig in Access Verlag GmbH. Alle Rechte beim Verlag und bei den jeweiligen Lizenzgebern.

weitsuechtig

Sommerferien in Tirol

Reise-Erinnerungen

von

Hermann Wollschlaeger.

Berlin. Verlag von Otto Janke.

Vorwort.

Diese Reiseskizzen möchten keinen Anspruch auf Originalität erheben, denn Tirol ist viel und oft beschrieben, aber der erst jüngst vollendete Bau der Dolomitenstraße hat ein neues und schönes Wunderland erschlossen, das bisher fast unzugänglich und zum Teil unbekannt war.

Sollten die nachstehenden Blätter manchen Touristen eine kleine Führung bieten, oder eine Anregung zur Dolomitenwanderung werden, so wäre der Zweck erfüllt.

Langsam rollte der Zug aus dem Münchener Hauptbahnhof, rechts und links zogen schwerfällige Bierzüge vorüber, da die ewig durstige Metropole ihre Spezialitäten fast in die ganze Welt verschickt. Noch einmal grüßten die Prachtbauten aus der Ferne herüber und beim Vorüberfahren an der Bavaria mußte ich unwillkürlich Ecksteins humoristische Verse zitieren:

> An der Isar goldnem Strande
> Wehn' des Moorgrunds blasse Dünste,
> Doch die Dämpfe überqualmen
> Nicht das Morgenrot der Künste
> Hoch empor ins Blau des Äthers
> Über Nebel und Malaria
> Hebt den erzgegossenen Schädel
> Siegesfreudig die Bavaria!

Die wenigen Zeilen sind aber bezeichnend für München und das häufig kalte und unfreundliche Wetter soll zum Teil durch die Nähe des Erdinger Mooses bedingt sein. Übelwollende Spötter schreiben freilich, die hohe Sterblichkeitsziffer Münchens einem anderen feuchten Umstande zu. Durch schönen Wald geht der Zug über Pasing, Planegg nach Gauting. Hier befindet sich eine alte Reismühle in der Karl der Große geboren sein soll. Hinter Station Mühltal schimmert bereits aus der Ferne der herrliche Starnbergersee von der Würm durchflossen. Außer Starnberg dem beliebten Ausflugsort der Münchner sind noch Possenhofen, Tutzing und Feldafing sehr besuchte Sommerfrischen. Über den See grüßt das anmutige Leoni und Schloß Berg, während die in der Nähe befindliche Kapelle an die unvergessene Katastrophe vom 13. Juni 1886 erinnert. Der bekannte Münchner Dichter und Schriftsteller M. G. Conrad hat das Leben des unglücklichen Bayernfürsten in einem sehr lesenswerten Buche „Majestät, ein Königsroman" dargestellt. (Berlin, Verlag Otto Janke.) Nach kurzer Fahrt gelangen wir über Weilheim nach Murnau am Staffelsee. Prächtig bewaldete Ufer umkränzen das umfangreiche Gewässer und die vielen Inselchen schimmern im Sonnenschein wie Smaragde. Der Staffelsee besitzt im Gegensatz zu den anderen oberbayrischen Seen eine ausgesprochene Wasserwärme und ist dieserhalb das in der Nähe gelegene Bad Kohlgrub besonders von schwächlichen und blutarmen Personen besucht. Von Murnau geht es in raschem Tempo talabwärts, Eschenlohe, Oberau, Farchant berühren wir im Fluge und schon künden liebliche Vorberge von der Loisach durchflossen, die Nähe des Hochgebirges an. Ein dichter Nebel der bald in Regen übergeht, verhüllt vollständig die Aussicht und bis Garmisch muß sich jeder in Geduld fassen. Nun sind wir am Ziele und gleichsam als wollte der Wettergott uns besonders entschädigen, teilen sich die Wolken und die ganze Pracht des Hochgebirges entfaltet sich vor meinen Augen. Fast zum Greifen nahe liegen die Berge des Wettersteingebirges im Neuschnee vor uns und doch ist die Zugspitze der höchste Berg Deutschlands im günstigsten Falle von hier aus erst in zwölf Stunden zu erreichen. Garmisch und Partenkirchen als Übergänge ins Tirolerland sind so häufig beschrieben, daß ich die Leser damit nicht ermüden möchte. Kainzenbad, den Eibsee, Rissersee, Eckbauer Krottenkopf und Hochalm, nicht zu vergessen, die berühmte Partnachklamm habe ich nacheinander besuchen können, während ich leider die Zugspitze wegen widriger Schneeverhältnisse aufgeben mußte. Am vierten Tage trieb mich der ewige Regen von dannen und mit Hilfe des Postautos kam ich trocken in Mittenwald an.

Das nordische Cremona liegt in großartiger Gebirgslandschaft am Fuße des Karwendelgebirges. Über üppig grünen Wiesen fällt das Gebirge mit wild eingeschnittenen Tälern und zahlreichen Karen jäh hinab. Die Schneehalden reichen hier so tief hinunter, daß man im ganzen Orte selbst bei großer Hitze immer eine angenehme Temperatur genießt.

Am Postgebäude besichtigte ich die Erinnerungstafel für Goethe, welcher in Mittenwald auf seiner italienischen Reise einige Stunden rastete und dann ging es zum Ort hinaus. Eine gute Fahrstraße führt durch schönen Wald allmählig bergan. Bei einer Lichtung schaut die imposante Karwendelspitze stolz hinüber, und nach kurzer Wanderung immer von der rauschenden, merkwürdig grünen Isar begleitet, gelangen wir nach Überschreitung der Paßhöhe nach Scharnitz. Hier im ersten tiroler Orte ist Zollrevision, doch waren die Beamten höflich genug, meinen Rucksack unangetastet zu lassen, während ein umfangreicher Koffer, der einem am Zollhause haltenden Wagen zugehörte, zum argen Leibwesen der Inhaberin gründlich durchwühlt wurde. In der Umgebung von Scharnitz befinden sich Reste alter Befestigungen, wie man sagt noch aus der Römerzeit herstammend. Die morsche Beschaffenheit macht diese Annahme in hohem Grade wahrscheinlich. An gähnenden Abgründen vorüber und abwechselnd durch prächtigen Hochwald, Tannen und Lärchen zieht die Fahrstraße weiter nach Seefeld, einem großen Dorfe mit industriellen Betrieben, aber wegen der schönen Umgebung viel besucht. Zur rechten Seite begleiten uns die wildzerklüfteten Berge des Mimmingergebirges und links tritt unvermittelt und gewaltig die Reither-Spitze in den Gesichtskreis. Das Dorf gleichen Namens liegt in tiefster Stille, ein paar Kinder balgen sich mit einem zottigen Köter herum und ein altes Mütterchen mit glanzlosen, eingefallenen Augen sitzt bei der Kirchentür, um ein paar Kreuzer von den Vorübergehenden zu erbetteln.

Die Landstraße macht hinter dem Dorfe eine scharfe Wendung und nie werde ich wohl den Anblick vergessen, der sich so unerwartet meinem Auge barbot, das herrliche Inntal lag vor mir. Wie ein silbernes Band schlängelt sich der Strom durch die üppigen Wiesen und Felder. Die zu beiden Seiten sanft ansteigenden Berge sind mit Dörfern und kleinen Häuschen wie übersät und als wundervoller Abschluß ragen darüber die Zillerthaler und Stubaier Alpen über Gletscher zum Himmel empor. Der Weg geht langsam bergab. An der sagenumwobenen Martinswand schmückte ich zum erstenmal meinen Hut mit den vielbegehrten Alpenrosen und nachdem ich den uralten Burgtrümmern von Fragenstein noch einen kurzen Besuch abgestattet, ging es zur heutigen Endstation Zirl. Das bekannte Alpendorf ist in diesem Jahre fast vollständig abgebrannt und der geplante Neuanbau wird die Romantik des alten Ortes nicht ersetzen. Im Gasthause „Zur Post" habe ich in Gesellschaft einer Hamburger Familie und mehrerer Herrn aus Laibach den Einzug in Tirol mit rotem Magdalenenwein lange gefeiert und selbst der für morgen prophezeite Regen konnte unsere Stimmung nicht beeinflussen. Noch lange hörte ich von meinem Zimmer aus die bekannten Verse: Zillerthal ist meine Freud', die meine beiden Laibacher Freunde, in Ermangelung eines weiteren Textes, immer von neuem um die Wette sangen. Sie wollten in aller Frühe nach Landeck, aber sie hatten die Rechnung ohne den „Wein" gemacht und wir dampften den andern

Morgen vergnügt gegen Innsbruck ohne uns, wie verabredet, am Bahnhofe zu treffen.

An der Einmündung der Sill in den Inn, in einem weiten Tale, liegt die Hauptstadt Tirols malerisch ausgebreitet. Im Norden erheben sich die Ausläufer des Karwendelgebirges, Brandjoch Frau Hütt und andere, bis zur Höhe von 2600 Meter, während im Süden die Lanserköpfe, der Berg Isel und weiter zurück der Patscherkofel die Gegend beherrschen. Innsbruck bietet des Sehenswerten viel, deshalb ist ein mehrtägiger Aufenthalt für den Touristen sehr zu empfehlen. Vor allem sollte niemand versäumen, der Hofkirche einen Besuch abzustatten, auch die Hofburg, das Tiroler Landesmuseum und die Triumphpforte sind bemerkenswert. In der Herzog-Friedrichstraße fällt uns ein Gebäude mit einem goldenen Dache in die Augen. Das war der Graf Friedrich IV. mit der leeren Tasche, welchen Spottnamen ihm sein ewiger Geldmangel eintrug. Um dies zu widerlegen, soll er das goldene Dach 1425 errichtet haben. Es ist von Kupfer und vergoldet, nimmt sich aber sehr stattlich aus, besonders wenn die Sonne darauf scheint. Sonnenschein ist jedoch in Innsbruck nicht allzu häufig; während meines dreitägigen Aufenthaltes goß es zwei Tage lang in Strömen vom Himmel und mißmutig eilte ich zum Bahnhofe um südwärts jenseits des Brenner einen wärmeren und trockneren Aufenthalt zu suchen. Schwerfällig schleppen zwei Lokomotiven den sehr besetzten Zug vorwärts. Zunächst durch grüne Waldberge, an schäumenden Waldbächen vorüber, steigt die Bahn höher und höher. Häufiger werden die Tunnel; klatschend schlägt der Regen an die Fenster, welche die empfindlich werdende Kälte in dieser Höhe nicht zurückzuhalten vermag. Endlich hält der Zug in Station Brenner, 1370 Meter hoch. Dies ist der höchste Punkt der berühmten Bergbahn.

Nach kurzem Aufenthalt, zum Schreiben einer Ansichtskarte gerade ausreichend, geht es langsam bergab, Brennerbad, Gossensaß, Sterzing und Franzensfeste werden schnell durchfahren und wir gelangen nach dem herrlich gelegenen Brixen, die alte bischöfliche Residenz mit sehenswertem Dom und festem Schloß. Immer das Eisacktal entlang geht die Bahn weiter über Klausen, Waidbruck, Atzwang, Castelruth, Karbaun nach Bozen.

Wer zum erstenmal die Hauptstadt Südtirols und deren Umgebung betritt, wird erstaunt und angenehm überrascht sein, von dem Gegensatz, der sich hier geltend macht. Die Gründe des Eisacktales finster und fast sonnenlos öffnen sich plötzlich zu einem weiten von der Sonne beschienenen Tale, mit einer Vegetation, von der vorher nichts zu erblicken war. Obwohl die Eisenbahn viel von der Poesie des Reisens hinweggenommen hat, so vergessen wir doch hier im Zauber der Natur, daß uns das pustende und keuchende Dampfroß in diese Gefilde hineingetragen. Das Auge schweift entzückt über die weichen Linien der an die Vorberge angeschmiegten Rebenhügel. Über der Stadt erhebt sich allmählig ansteigend der Guntschnaberg, besät mit Villen, Weilern und Winzerhäuschen, ein altes Gemäuer, der gescheibte

Turm genannt und auf der Höhe des Berges eine zerfallene Ruine erhöhen die malerische Wirkung. Die Abhänge der Vorberge sind mit Lorbeer, Pinien und Feigenbäumen bewachsen und selbst der bizarre Kaktus ist an einigen sehr sonnigen Stellen angepflanzt und überwintert, wenn man so sprechen kann, denn Schneefall ist hier im Tale eine Seltenheit.

Im „Mondschein" in der Bindergasse fand ich eine freundliche Aufnahme und da die Sonne schon zum Untergange rüstete, eilte ich über die Talferbrücke zur Promenade, um eins der schönsten Schauspiele, das man dort genießt, nicht zu versäumen, den Anblick des Alpenglühens. Auf der Promenade, die Bozen und Gries scheidet, am Denkmal Dietrichs von Bern hat man den besten Blick auf den Rosengarten. Fast die ganze Gruppe mit ihren grotesken Spitzen und Kuppen bietet sich dem Auge des Beschauers, während der benachbarte, mächtig gehörnte Schlern von dieser Stelle unsichtbar ist. Der Sonnenball ist im Niedergehen. Unmerklich, als ob ein unsichtbarer Maler auf einem vor uns liegenden Bilde seine Kunst zeigen will, röten sich im zartesten Farbenton die beschneiten und vereisten Spitzen, bis nach einiger Zeit der ganze Gebirgsstock im herrlichsten Golde leuchtet. Das auffallend rote Gestein in Verbindung mit den tief hinabreichenden Schneehalden ruft diese wunderbaren Farbentöne hervor. Nach einiger Zeit verblassen die Tinten, tiefes Karmin tritt an die Stelle der Rosenfarbe und bald ist alles wieder in einförmiges Grau getaucht; Zwerg Laurin hat den Zauber seines Gartens nur für kurze Zeit unseren Blicken enthüllt. —

Mein Aufenthalt in Bozen sollte nur einen Tag dauern, aber dieses entzückende Schauspiel hatte mich so eingefangen, daß ich vorläufig noch einige Zeit zu bleiben beschloß. Sinnend ging ich über die Brücke heimwärts. In der Bindergasse schallte mir aus einem mit Erkern gezierten altertümlichen Hause ein toller Lärm entgegen. Ich stand vor dem Batzenhäusl. Jeder Fremde, der Bozen besucht, geht sicher nicht an diesem berühmten Weinhaus vorüber. Nicht, daß die Weine hier so besonders gut wären, nein, die Originalität, der Berliner würde sagen, die ganze Aufmachung geben dieser Stätte ein so eigenartiges Gepräge. Fürsten, Künstler, Schriftsteller sind dort Gäste gewesen und haben sich zum Teil durch Niederschriften und zahlreiche Bilder verewigt. Im Batzenhäusl findet sich immer eine lustige Gesellschaft zusammen und die Ausgelassenheit geht oft so weit, daß man auf Tische und Stühle steigt und in minder gutem und schlechtem Gesange seinen Gefühlen freien Lauf läßt. Von den zahlreichen, unter Glas und Rahmen befindlichen poetischen Ergüssen möchte ich einige zum Besten geben.

  Und hast du getrunken den weißen Wein
  Versuche dann noch den roten,
  Und solltest du halb schon gestorben sein,
  Er weckt Dich auf von den Toten.

―――

  Wenn wir froh beim Glase weilen,
  Und die Stunden schneller eilen,
  Laßt die Stimmung ja nicht sinken!
  Z'sammenrucken — weiter trinken.

―――

Trinkt, daß euch die Nase glänzt
Hell wie ein Karfunkel,
Habt gleich eine Leuchte dran
In des Daseins Dunkel.

———

Gott im Herzen,
A hübsch' Dirndl im Arm,
Das erste macht selig,
Das zweite macht warm.

Die Dirndl im Batzenhäusl haben mich indessen nicht sehr angezogen, da ist der benachbarte „Pfau" schon vorzuziehen. Meine Zechgenossen, ein Berliner Magistratsbeamter und dessen Neffe, die ich im Batzenhäusl aufgegabelt hatte, wir retteten uns aus dem wüsten Tumult in den „Pfau", eine ruhige, gemütliche Weinstube, wo die blonde Loisl aus Terlan, ein echtes Urbild der Westgoten, die sich vereinzelt in dieser Gegend noch ziemlich rasserein erhalten haben, den Fremden die feurigen Tirolerweine kredenzt. Aber dies ist ja für ein älteres Semester, wie ich, Nebensache; die frohen lustigen Abende, die ich im Pfau verlebt, verdanke ich der freundlichen Art des Wirtes, der immer bemüht war, jedem Gaste den Aufenthalt so angenehm wie möglich zu machen.

Der Mond machte ein sehr bedenkliches Gesicht, als wir ein lustiges Trio noch in die Gaststube „Zum Mondschein" einzogen und selbst die vertraute Mitteilung meines neuen Freundes, daß er eigentlich nur das Kneipleben in Tirol im Gegensatz zu Berlin studieren wollte — konnte mein Bedenken nicht zerstreuen, ob es nötig und ratsam sei, noch einige Pilsener auf die vielen andern genossenen Weinsorten zu setzen. —

„Aber morgen sollt ihr mich nicht haben" — und so ist es auch geblieben.

Im Juli brennt die Sonne in Bozen bereits ziemlich früh auf den Scheitel und eingedenk der großen Tour die ich vor hatte, suchte ich erst in Gries in dem bekannten Bade eine körperliche Erfrischung. Das Bad, durch die Eisack gespeist, ist in der Saison sehr besucht, jetzt war es verödet und nur die

Jugend versuchte in dem umfangreichen Bassin ihre Schwimmkünste.

Auf guter, aber leider in den Sommermonaten sehr staubiger Straße, gelangt man in einer Stunde zum Runkelstein. Die Burg ist bekanntlich von Kaiser Franz Joseph II. erworben, neu ausgebaut und der Stadt Bozen als ein besonderes Zeichen kaiserlicher Huld zum Eigentum überwiesen worden.

Eine Beschreibung wird der freundliche Leser, der mir so geduldig bis hierher gefolgt ist, wohl erlassen. Ich glaube, wenn ich einige von J. V. Scheffels herrlichen Versen hier vorbringe, mehr gesagt ist, als ich es selber vermag.

> Noch heut freut's mich, o Runkelstein,
> Daß ich einstmals zu guter Stunden,
> In der Talfer felsenges Tal hinein,
> Zu dir den Weg ich gefunden.
>
> Melodisch scholl aus der Tiefe empor,
> Des Wildbachs entströmendes Tosen,
> Am Burgpfad erblühten im lustigen Chor,
> Gutnelken und wilde Rosen.

Herr Konrad Vintler einst oben saß,
Des Kurzweil war, allerwegen.
Beim Klang der Laute und Stengelglas,
Der freien Künste zu pflegen.

Durch der Fenster farbige Scheiben entsandt,
Die Sonne ihr Gold vor dem Scheiden;
Es umflammte die Schilderreime der Wand,
Wie ein Gruß vergehender Zeiten.

Im Rittersaal, am hohen Kamin
Saß lang ich in Sinnen versunken,
Und habe im feurigen Wein von Tramin,
Des Vintlers Gedächtnis getrunken.

Wer immer ins sonnige Etschtal fährt,
Hält Einkehr in diesen Räumen,
Und ist ihm ein Isolde bescheert,
Mag er von ihr hier träumen.*)

Der nächste Tag galt dem Besuche der Ruine Siegmundskron, eine Stunde zu Fuß von Gries gelegen. Das Schloß soll bereits im neunten Jahrhundert erstanden sein und ging im Jahre 1470 von dem Grafen Firmian auf Herzog Sigmund den Münzreichen über, der es ausbaute und ihm den jetzigen Namen gab. Die Aussicht ist dort oben

---

*) Aus der bekannten Sammlung „Gaudeamus". Verlag von
A. Bonz & Cie., Stuttgart.

wundervoll. Das Plateau von Überetsch mit seinen Schlössern, Ruinen und Dörfern breitet sich vor unseren Blicken aus und das Auge schweift weit in die Ferne bis zum Monte Rhoen hin. Fast gegenüber, am andern Ufer der Etsch liegt die Haselburg, auch Kühburg genannt.

Die gut erhaltene Ruine gehört dem Grafen Krafft zu Toggenburg und ist eins der anziehendsten, wenn auch weniger besuchten Punkte in der Umgegend von Bozen.

Der Weg ist angenehm und wenig anstrengend. Unterhalb des Berges den die Burg krönt, nimmt uns schattiger Wald auf, der meist aus hohen Lorbeerbüschen besteht, eine breite, schöngepflegte Straße führt in zahlreichen Windungen zur Burg.

Es wird dort wenig gezeigt. Ich begnügte mich, entfernt von dem Restaurationsraum im alten Gemäuer zu sitzen und meine Blicke verloren sich in das heiße sonnige Etschtal hinab, wo die Eisenbahn, wie ein Spielzeug in der duftigen, weiten Ferne verschwand, wo die laue Luft und der ewig blaue Himmel Italiens dem fremden Nordländer heiter und lebenverheißend, immer und wieder verlockend zuwinkte. Hier ist Ruhe — süße Romantik und bei dem Namen „Toggenburg" kann man wohl den schönen Traum noch einmal verträumen, der sich in Schillers Ballade empfindenden Herzen so gefühlvoll eingeprägt hat.

Bozen hat noch viele Ausflugspunkte in näherer und weiterer Umgegend. Die Mendelbahn zum Mendelpaß, Oberbozen und Klobenstein auf dem Ritten mit den berühmten Erdpyramiden erfordern größere Tagestouren, während ein schöner Spaziergang nach dem Kalvarienberg nur einige Stunden in Anspruch nimmt. Es sind acht bis zehn kleine Kapellen, die den Wandrer hinaufbegleiten. Auf der Bergebene steht eine Kirche die nicht zugänglich ist, der gekreuzigte Heiland und die beiden Schächer sind in Lebensgröße in der Nähe naturgetreu aufgestellt. Solche Gebilde aus Holz gehören indessen in die Anatomie, denn nicht die Poesie des Schmerzes, sondern das materielle Leiden ist diesen Bildwerken zu sehr als Merkmal aufgeprägt.

Bevor ich mein liebes Bozen verließ, machte ich einen Abstecher zum benachbarten Meran. Man fährt dorthin in einer Stunde durch das reichgesegnete Etschtal.

Unerträglich heiß brennt die Sonne trotz des frühen Morgens und wir sind froh, als nach einigen Stationen der Ruf „Meran" ertönte. Wer hat nicht schon in seinem Leben diesen Namen und was damit zusammenhängt, vernommen. Und wahrlich, dieses Fleckchen Erde, an dem sich so viele Schwerkranke zusammenfinden, die Genesung ihrer Leiden suchen, macht den Abschied vom Leben erst recht schwer, denn selten hat die Natur so verschwenderisch ihre Reize hingestreut, als hierorts. Der berühmte Kurort bildet mit Ober- und Untermais eine Gemeinde und liegt in einem weiten Tale gegen Nord- und Westwinde vollständig geschützt, in fast ewigem Sonnenschein lachend, ausgebreitet vor uns. Die gewaltigen, übergletscherten Alpen bilden gewisser-

machen eine Schutzwehr, verschließen aber zugleich
den Zugang frischer freier Luft, deshalb kommt
Meran nur für gewisse Monate des Jahres in Betracht und zwar hauptsächlich für September bis
Ende Mai. Jetzt war der ganze Ort still und verödet. Die großen Hotels und Pensionate sind geschlossen und Totenstille herrschte auf den Straßen.
Jeder suchte die entsetzliche Sonnenglut zu vermeiden
und den Schatten der Wohnungen und Gärten zu
gewinnen. In der Hauptstraße wurde ein Neubau
aufgeführt und kopfschüttelnd betrachtete ich die
Maurer, welche vermittelst ihrer Handlanger den
durch Sonne und Arbeit erzeugten Durst immer
und immer wieder mit Tiroler und bayrischem Bier
zu ersticken suchten. Die schönen Kuranlagen und
die außerhalb der Stadt gelegene Burg „Tirol" genügten heute meinem Forschungsdrange und beim
Rückwege zum Bahnhofe habe ich nicht versäumt, den
großen sonnigen Friedhof aufzusuchen, der so vielen
Fremden, die in Meran Ruhe und Genesung zu finden
hofften, erst die wahre Ruhe des Grabes gewährt hat.

Namen aus allen Ländern und meist die Blüte der Jugend hat sich hier zusammengefunden. Ein Friedenshauch durchschauert die Zypressen und der dunkle Lorbeer steht in ernsten Träumen. Hier sind alle Leiden ausgelöscht; es ist, als ob selbst der Weltwille hier sein Ende gefunden und „Süßes Nirwana, meerstilles Schweigen, sündlose Rast" raunte mir Schopenhauer in Todessehnsucht heimlich zu, als ich diesen Ort verließ.

Von Meran ist ein bequemer Bahnanschluß über Mals nach Reuspondinig zum Ortler und in verhältnismäßig kurzer Zeit zu erreichen. Mein Weg ging in entgegengesetzter Richtung. Drei Straßen führen in das Herz der Dolomiten.

* * *

Wer von Bozen südwärts fährt, benutzt die Bahn bis Neumarkt, von dort kann man durch das Fleimstal auf verschiedenen Wegen weiter gelangen. Die besuchteste Straße ist indessen das Eggental mit seinen Burgen Karneid und Kampenn, über Karbaun,

Welschnofen zum Karersee am Fuße des Rosengartens gelegen. Ich wählte den dritten, vielleicht nicht gerade schönsten, aber doch einsamsten Weg durch das Gröbnertal.

Der Rucksack war gepackt, langsam und schwermütig durchwanderte ich noch einmal die Gassen und Gäßchen von Bozen; freundlich winkte mir Walter von der Vogelweide von seinem Standplatz einen Abschiedsgruß hinüber und die Eisenbahn führte mich wieder nordwärts von dannen. Man verläßt entweder in Castelruth die Bahn um über das Hochplateau des Schlern, 2564 Meter, und die Seiser Alm ins Gröbnertal zu gelangen oder wählt den weniger beschwerlichen Weg von Station Waldbruck aus. Der Gröbenbach mündet hier tosend und rauschend in die Eisack und bald hinter dem kleinen Ort Waldbruck nimmt uns tiefer Waldesschatten auf. Eine gute, gepflasterte Landstraße steigt sehr allmälig, immer neben dem Bache hergehend, bergauf. Das Gröbnertal ist erst in den letzten Jahren bekannter und besuchter geworden, nicht umsonst werden seine großen landschaftlichen Schönheiten gerühmt. Nach einer

Fußwanderung von zwei Stunden sieht man auf der Höhe das malerisch gelegene Sankt Peter, ein größeres, zerstreut liegendes Dorf. Die gesunde, einsame Lage hat die Spekulation veranlaßt, ein Bad, durch eine Mineralquelle gespeist, zu errichten, doch soll der Ort noch wenig Zuspruch haben. Das nächstgelegene Sankt Ulrich zieht alle Gäste an sich. Eine kleine Wegstunde von Sankt Peter bietet sich dem Touristen ein schöner Anblick. Ganz unvermutet tritt die prächtige Langkofelgruppe über dem Walde hervor. Durch ihre bizarre Form ausgezeichnet, haben diese Berge schon manche Opfer gefordert und während ich in Sankt Ulrich weilte, hatte man am selben Tage einen Berliner Touristen nach dem dortigen Spritzenhaus gebracht. Gegen den Willen des Führers wollte er sich nicht anseilen lassen, stürzte ab und wurde schrecklich zerschmettert.

Sankt Ulrich gilt als Perle des Gröbnertals und ist von einer ausgewählten Gesellschaft, besonders Berliner und Wiener Publikum, überschwemmt. Wenn man in dem Waldschlößchen, einer sehr besuchten Konditorei am Nachmittage bei einer Tasse Kaffee sitzt, glaubt man sich plötzlich nach Josty am Potsdamerplatz in Berlin versetzt und die Eleganz der Damentoiletten steht wenig in Einklang zu der primitiven Kaffeewirtschaft. Aber diese macht gute Geschäfte. Der Ort, von armen Holzbildhauern bewohnt, hat durch den Fremdenverkehr sehr gewonnen und zahlreiche Villen und Neubauten versprechen für die Zukunft den Bewohnern bessere Tage als bisher.

Der Weg von Waidbruck beträgt kaum mehr als vier Stunden, aber man steigt während dieser Zeit ziemlich tausend Meter bergan, und die Glutpfeile, welche die Julisonne heruntersendet, machen selbst einem zähen Wanderer langsam ermatten. Ich war von Bozen aus im Gasthaus „Engel" empfohlen und fand dort gute Unterkunft. Mir kommt die deutsche Sprache „hart an", sagte das brünette, schlankgewachsene ruthenische Mädchen, welche nach dortiger Landessitte, Kellnerin und Geschäftsführerin in einer Person war, aber trotz dieser ihrer Beficherung befand ich mich am Abend im Besitze aller Ortsklatschereien, die die elegante Welt von Sankt Ulrich preiszugeben hatte. Ein Dolomitenwanderer hat auch nicht lange Zeit zum Verweilen. Deshalb war ich am nächsten Tage schon früh um acht Uhr gerüstet, obwohl meine Wirtin lebhaft dagegen protestierte, alle Anzeichen sprächen für einen starken Schneefall, ich würde zweifellos im Gröbener Joch stecken bleiben, Lawinen von der Sella herab wären gar nichts Seltenes, und dergleichen Schauergeschichten mehr. Aber es half alles nichts, man wird in den Bergen hartgesotten und gefühllos.

Der schöne Wald, der uns bis Sankt Ulrich begleitet, tritt nun völlig zurück und die gewaltige Gebirgswelt der Gröbener Dolomiten erinnert, daß wir uns der Paßhöhe und dem Übergange langsam nähern. Sankta Christina, eine Stunde hinter Sankt Ulrich, hat mir fast besser gefallen, als dieser Modewinkel. Hoch und ruhig gelegen, von aller Kultur unberührt, ist Sankta Christina für den Naturschwärmer und Ruhebedürftigen ein Eldorado, wie es das Hochgebirge selten zu bieten vermag. Die wildzerklüftete Langkofelgruppe, die Felsenwände der Sella und der seltsam geformte Vernel, den man fast mit einem Zuckerhute vergleichen könnte, starren aus ihrer Höhe herab und verlassen uns nicht wieder. Auf der andern Seite recken die Geißlerspitzen ihre sonderbaren und langsam zerfallenen Konturen in die blaue Luft empor. Am Ende des Ortes roch es wunderschön nach frischem Gebäck. Ein Italiener ist wegen seines zarten und schmackhaften Weißbrotes hier weit und breit bekannt, und ich versäumte natürlich nicht, mich für die nächste Zeit mit diesem Proviant zu versehen. Fast eben und unmerklich ansteigend führt die immer schmaler werdende Landstraße nach Wolkenstein. Wem ist dieser Name nicht geläufig? Oswald von Wolkenstein, der Minnesänger, der uns soviel zartes und sinniges zum Lobe der Frauenwelt hinterlassen hat. Der letzte Ort ist Plan. Hier verliert sich die Straße in einen schmalen Fußweg und wir kommen in das Gebiet der Almen. In einem hochgelegenen kleinen Gasthof machte ich die Bekanntschaft einer Wiener Familie, Vater,

Mutter und zwei Kinder, und nachdem wir uns mit Ziegenmilch und die Männer besonders mit Enzianbitter gestärkt hatten, beschlossen wir gemeinsam den Übergang über das Gröbener Jöchl. Auf saftigen Wiesen, die mit mächtigen Felsblöcken übersät sind, liegen einsame Sennhütten verstreut; es ist ein malerisches Bild der hochalpinen Welt. Der dunkelblaue Enzian, die goldgelbe Arnika und viele andere unbekannte Gebirgspflanzen entzücken den Wanderer durch ihren Duft und die Farbenpracht, während zur Seite, fast greifbar nahe, die Sellagruppe ihre Schmelzwässer in prächtigen Kaskaden zu Tale sendet. Es ist ein Anblick, von dem man sich nur schwer zu trennen vermag.

Wo der Saumpfad den höchsten Punkt erreicht, gehen die Wege in zwei Richtungen, rechts der Sellapaß zum Fashatal und geradeaus das Gröbener Joch nach dem Gabertal. Ich wählte den letzteren Weg, um mit meinen Reisegefährten noch einige Stunden zusammen wandern zu können. Bevor man den Paß überschreitet, hat man noch einen unbeschreiblich schönen Blick auf die Sellagruppe, die

hier gewaltig bis zu 3182 Meter Höhe empor-
steigt. Ganz einsam und wenig besucht liegt auf
der Paßhöhe das Gröbener Hospiz und gern rastet
man hier bei trocknem Brot und hartem Ziegen-
käse, aber gutem Tiroler Landwein.

Beim Abstieg betreten wir ein weites Tal mit
Wald und Wiesenflächen, das die gewaltigen Berg-
gipfel des Kreuzkofel und der Garbenassa beschirmen.
Wir befinden uns im Gebiet der Labiner, Nachkommen
der alten rhätischen Bevölkerung, die mit zäher Be-
harrlichkeit an ihren Gewohnheiten und besonders
ihrer Sprache festhält. Die Labiner sind den Fremden
gegenüber zuvorkommend, und zeichnen sich dadurch
vorteilhaft von den Italienern aus, denen es leider
gelungen ist, diese alte eingesessene Völkerschaft mehr
und mehr zu verdrängen. In einsamer Bergwildnis
erreichten wir nach einem ziemlich beschwerlichen Abstieg das Dörfchen Kolfsucgl. Hier trennte ich mich
von meinen bisherigen Reisegefährten. Ich mußte
wieder bergan steigen und lange, lange konnte ich

zur Tiefe des Gabertals mit meinem Taschentuch Abschiedsgrüße hinunterwinken.

Auf der gut gepflegten Straße, aber in fortwährenden, zahlreichen Kehren, gelangt man nach Korvára ein großes Dorf, mit schöner Kirche und gutem Gasthof. Aber still und verlassen lag der Ort; nicht ein einziger Tourist war zu sehen, und diese große Einsamkeit trieb mich weiter, obwohl Korvára von mir zum Nachtquartier ausersehen war.

Die Gegend wird immer einsamer, der Weg steiler und die Sonne war längst hinter den Bergen verschwunden, als ich heute zum zweiten Male die Höhe erreichte, den Tschoalongpaß. Im Gasthaus Bos konnte ich mich nur schwer mit der labinischen Wirtin verständigen, doch brachte ich soviel heraus, daß ihr Mann unten in Réba das „Hotel" Pordoi allen Fremden offen hält. Eine kleine Strecke hinter diesem einsamen Hause hat man einen großartigen Anblick. Die Königin der Dolomiten, die Marmoléba, 3340 Meter, liegt ganz übergletschert plötzlich vor uns. Nun geht es in vielen Serpentinen abwärts, und mit schönem Blick auf den Vulkan Lana und den Monte Pelmo ist bei völliger Dunkelheit Réba, italienisch Arabba erreicht.

Müde, hungrig und durstig kam ich spät abends im Gasthaus Porboi an. Obgleich am Eingange des Buchensteiner Tales gelegen, ist Réba doch so wenig besucht und bekannt, daß einsame Seelen hier in dieser großartigen Gebirgswelt ihren Träumen in jeder Weise nachhängen können, und auch ich fühlte mich versucht, einige Tage zu rasten. Aber es ging nicht, ich hatte bringende Postsachen in Toblach zu erwarten und deshalb mußte ich weiter. Mein ladinischer Wirt, anfangs zurückhaltend, taute sehr merklich auf, nachdem ich ihm Grüße von seiner Frau aus dem Ospitale Boë überbracht hatte, und bald saß ich hinter einem schmackhaften Wiener Schnitzel mit Bratkartoffeln. Als noch etwas später zwei Berliner Touristen hinzukamen, die dem Wirt das Geständnis entlockten, daß er noch eine Anzahl Flaschen „Spatenbräu" im Keller habe, war bald eine solenne Kneiperei im Gange, und von seinem Spatenbier war schließlich nichts übrig geblieben, wir drei "Berliner" hatten unsern Wirt, um mit dem Robensteiner zu sprechen, leer getrunken.

Am nächsten Morgen, es war ein Sonntag, hatte ich erst Gelegenheit, die Schönheit der Umgebung von Arabba kennen zu lernen. Rings von weiten Waldungen umgeben, blickt der seltsame, fast gespenstig zu nennende Saß dal Tschapel mitten in den Ort hinein. Der mächtige Kegel ist vulkanischen Ursprungs und besteht aus melaphylartigem Gestein, sein Gipfel ähnelt sehr merkwürdig einem Zylinderhut, daher der Name. Das Buchensteiner Tal, ladinisch Fodóm, italienisch Livinallongo genannt, bildet eine romantische enge Talsole; die Ortschaften kleben an den Abhängen wie Vogelnester und unten zieht der Korbévole mit dumpfem Gebrause durch finstere Klammen seinen Weg. Haben wir bei einer Biegung des Weges den Saß dal Tschapel aus den Augen verloren, so taucht ein anderer Riese vor unseren Blicken auf. Es ist der Col de Lana, 2462 Meter hoch, ebenso schwärzlich anzuschauen,

wie sein Genosse bei Arabba. Der Anstieg erfordert
fast vier Stunden, dafür belohnt uns aber eine herrliche Fernsicht über weite Gruppen und Matten der
ganzen Dolomitenwelt. Der Col be Lana ist ein
richtiger Bulkan, der eingesunkene Kegel verrät deutlich seine einstige Tätigkeit. Lange, lange ist's her,
als in der Cozänperiode diese seltsamen Gebirgs-
massen sich langsam aus dem Kreidemeer erhoben
und durch Bulkanismus und Wasser ihre grotesken
Gebilde schufen und die riesigen Saurier, die da-
maligen Herren dieser Welt, in ihren Fluten begruben.

Der lange Weg, den man bis zu dem großen
Marktflecken Plis zurückzulegen hat, wird ungemein
verkürzt durch die Anmut und Abwechselung, welche
das Buchensteiner Tal dem Wanderer bietet. Der
alte Tiroler Bergrat in Bozen hatte nicht Unrecht
mit seinem wiederholten Ratschlag: „gehen Sie durchs
Buchensteiner Tal, es ist weit schöner als das viel-
gepriesene und besungene Zillertal."

Prächtige Waldungen, saftige Matten, die mit
kleinen Ortschaften bis in die höchsten Regionen

besetzt sind, wechseln mit grotesken Felspartien und stets bieten sich neue Ausblicke. Einer der schönsten ist kurz hinter Plis. Noch einmal zeigt sich hier die Marmoléba in ihrer ganzen gletscherreichen Pracht, und weit, weit in dämmerhafter Ferne schimmert in der Talsole der grüne Alleghesee, schon auf italienischen Gebiete, während dahinter der Tjiveta sein trotziges Haupt erhebt. In dieser Gegend trifft man auf die ersten Fortifikationen, die Österreich gegen seinen Nachbar und Bundesgenossen Italien errichtet hat. Es ist strenge verboten, irgendwelche Aufzeichnungen oder photographische Aufnahmen zu machen, ein kleines Abenteuer dieser Art werde ich später erzählen. Bei dem einsamen Orte Anbratij, wo ich mit dem Herrn Kuraten ein angenehmes Plauberstündchen verlebte, beginnt wieder ein mühevoller Anstieg. Nirgends sind die Kehren so zahlreich als auf dieser Strecke, und die von vielen Touristen gekennzeichneten Abkürzungen machen den Weg noch beschwerlicher. Die Gegend wird nun immer wilder und romantischer. Von einem Felskegel blickt eine alte verfallene Burgruine herab, welche noch aus der Gotenzeit herstammen soll. Die Felswände und Gehänge werden immer schroffer und auf einmal scheint der Pfad durch eine Mauer vollständig versperrt. Aber nur scheinbar, denn ein zirka sechzig Meter langer Kehrtunnel bringt uns über die Höhe zum Faulsare, auch Falzaregopaß, 2120 Meter hoch.

Mein Nachtquartier sollte in Cortina sein, aber der Himmel grollte bereits seit einiger Zeit sehr bedenklich und als ich nach einem Gewaltmarsch das Hospiz (Ospitale) auf der Paßhöhe erreichte, goß der Regen in Strömen und grelle Blitze umzuckten die seltsamen Gebilde der Cinque Torres, die man hier in unmittelbarer Nähe vor sich hat. Das Hospiz liegt in einem weiten Trümmerfeld von Gesteinen und nirgends habe ich die Alpenrosen in solcher Fülle und Pracht gesehen wie an diesem Orte. Bis in unmittelbarer Nähe der Gebäude haben die üppigen, dunkelroten Stauden sich angesiedelt.

In der großen Gaststube saßen acht österreichische

Soldaten, welchen die drei in italienische Tracht gekleideten Mädchen, die die Gäste zu bedienen hatten, ihre ganze Aufmerksamkeit zuwandten, während ich als einziger Tourist in einem kleinen Seitenstübchen ein sehr einfaches aber gutes Abendbrot vorgesetzt erhielt.

Das Gewitter hatte ausgetobt, nur über der Tofana hing eine große schwarze Wolke, aus welcher ab und zu rötliche Blitze hervorleuchteten. Auf der anderen Seite ging der Mond groß und strahlend aus den Wolken auf, sein Licht fing sich in den schweren Regentropfen, welche in den roten Büschen hingen und zauberte zahllose Rubine hervor. Lange saß ich auf der Holzbank vor dem Hause, einsam in dieser einsamen, großen Gebirgsnatur. Der jetzt sternenklare Himmel wölbt sich in ewiger Pracht über den Bergriesen, und der eisige Hauch, der von der finstern Fanisgruppe herüberstreicht, scheint jedes Leben in diesen Regionen feindlich anzuwehen. Dafür war es in der Gaststube um so lauter, und als ich die kleine Holztreppe zu meinem Zimmer emporstieg, erscholl aus kräftigen Soldatenstimmen der Vers:

Und als aus Kerkergittern
Im festen Mantua,
Die treuen Waffenbrüder
Die Händ' er strecken sah,
Da rief er laut: Gott sei mit euch!
Mit dem verrat'nen deutschen Reich
Und mit dem Land Tirol,
Mit meinem Land Tirol!

Der Name Andreas Hofer ist so innig mit dem Tiroler Volksleben verknüpft, daß man überall, selbst bei den Italienern Südtirols, auf eine gewisse Verehrung dieses Nationalhelden rechnen kann.

Die bequeme Straße, die jetzt fertig gestellt ist, hörte damals hinter dem Gasthause auf, und ein schlechter Fahrweg, mit Steintrümmern übersät, führt in das Ampezzotal hinab. Ein schöner Ausblick nach allen Seiten belohnt die Mühe reichlich. Hat man den fast eine Stunde langen Wald hinter sich, so zeigt sich Cortina tief unten im Tale, links bleibt die Tofana im Gesichtskreis, während zur rechten Hand der Nuvolau und weiter die Croda di Lago einen wirksamen Abschluß bilden. Pocól, ein kleiner Ort, bleibt seitwärts liegen, und nach dreiviertel Stunden tüchtigen Marsches sind wir in Cortina d'Ampezzo. Der Ort, obgleich von Fremden, besonders Engländern überfüllt, kann mich nicht anziehen, denn stundenlang muß man aus dem Tale in die Höhe klettern, um in freundlichere Regionen, besonders Wald und Wiesen zu gelangen. Alles ist hier italienisch, aber diese Bevölkerung weiß sehr wohl, was sie von den Fremden einheimsen kann, und ist äußerst zuvorkommend und liebenswürdig, ganz anders, als die aufdringliche Gesellschaft am Gardasee.

Hinter Cortina geht der Weg sehr steil und anstrengend stundenlang empor. Die bequemste Straße ist durch das Ampezzotal, aber ich wollte die italienische Grenze überschreiten und den vielgerühmten Misuricasee nicht auslassen. Ist man endlich auf der Höhe, so erhebt sich zur linken Hand der Monte Cristallo, der die ganze Gegend beherrscht, eine der schönsten Dolomitengruppen. Abwechselnd in weiß und rosenrot schimmernd, hat die Bergpartie ihren Namen wohl von dieser wunderbaren Färbung erhalten, die ihresgleichen nur mit dem Rosengarten suchen darf. Zwei Stunden, bei mir wurden es aber drei, liegt hinter Cortina das einsame Alpenhotel Tree Croce. Drei Holzkreuze auf einem Hügel bezeichnen die Stelle, wo in eisiger Winternacht eine Frau mit zwei Kindern erfroren ist.

Das Hotel mit einigen Nebengebäuden ist erst seit wenigen Jahren entstanden, hat aber entschieden eine Zukunft. Die Höhenlage, der sich hinter den Baulichkeiten gleich anschließende große Wald und vor allem die Wildheit der Bergszenerie laden hier zur längeren Rast ein. Wuchtig und überwältigend hängt der Monte Cristallo unmittelbar über der Fahrstraße mit seinem Anschlusse der schiefen Kuppe des Piz Popena. Über dem Walde nach Süden blickt die Sorapis und Antelaogruppe hinüber, die sich östlich in die wild zerklüfteten Marmarolles fortsetzen.

Der Weg von Cortina war recht ermüdend, und ich habe es nicht bereut, hier einen Nachmittag und die Nacht zubringen zu dürfen. Obgleich das Alpenhotel meist Engländer zu seinen Gästen zählt, wurde ich nicht übervorteilt, und beim Abschiede bat mich der sehr liebenswürdige und vornehme italienische Wirt um meine Empfehlung in Berlin, was ich hiermit pflichtschuldigst tue.

Immer vom schönsten Wetter begünstigt, ging es am andern Morgen weiter. Nach Überschreitung eines ziemlich trockenen Baches, dessen Name mir entfallen ist, tauchen die berühmten drei Zinnen in gewaltiger Erhabenheit auf, und eine halbe Stunde später gelangt man über die Grenze. Der Zollwächter tauschte einen freundlichen Gruß aus, ohne sich weiter um meine Habseligkeiten zu kümmern, und bei mäßigem Anstiege, meist durch Wald, ist Misurina erreicht. Dieser so schön gelegene Ort wäre noch weit schöner, wenn man das Grand Hotel vom Erdboden wegblasen könnte. Solch ein Prachtbau gehört nicht in diese Einsamkeit. Der Misurinasee, grünlich schimmernd, liegt offen und anmutig in einer Höhe von 1760 Meter; wären nicht die gewaltigen, eisstarrenden Berge der Umgebung, man könnte ihn für einen Landsee halten.

Inzwischen hatte sich das Wetter geändert, ein feiner Staubregen rieselte langsam hernieder und veranlaßte mich in das am Südende des Sees gelegene Albergo Misurina einzukehren, mit guter und dabei billiger Verpflegung. Als erste Station auf italienischem Gebiet haben namentlich die Ansichtskarten einen großen Zuspruch, und bilden eine nicht geringe Einnahmequelle für die Wirtschaft. Hier und in den nahegelegenen Buden werden auch die Reiseandenken, zum Beispiel hübsche florentiner Mosaiken, billig eingekauft, um später zollfrei heimlich über die Grenze gebracht zu werden.

Hinter den letzten Häuschen hatte eine Kompagnie italienischer Soldaten ein Biwack aufgeschlagen. Es sah nicht sehr einladend aus, und ich ahnte nicht, daß ich eine Stunde später hier als ein unfreiwilliger Gast einziehen würde. Und das ging so zu: Sowohl im Buchensteiner, als im Ampezzotal wird dringend gewarnt, etwaige Notizen oder gar photographische Aufnahmen zu machen. Mein Notizbuch war indessen vollgestopft mit allerlei Merkwürdigkeiten:

zum Beispiel den bayrischen und tiroler Marterln und so konnte ich beim nochmaligen Überschreiten der Grenze nicht widerstehen, die harmlose Inschrift der Grenzpfäle zu notieren, nämlich: Ré Italia, Provinzia Venezia, Prefettura Bassano. Kaum war ich damit fertig, als sich eine schwere Hand auf meine Schulter legte, und beim Umsehen schaute ich in das zwar gutmütige, aber schnauzbärtige Gesicht eines dortigen Alpenjägers, der mich mit äußerst wichtiger Amtsmiene einlud, ihm zu folgen. Was blieb mir übrig. Das geringe Italienisch, welches mir zu Gebote stand, erschütterte nicht seinen Glauben an eine von mir ausgeübte, fürchterliche Spionage, und nach einem kleinen Marsch zogen wir in das Soldatenbiwak ein, das ich vorhin mit so viel scheelen Blicken betrachtet hatte. Ich wurde in einer Bretterbude untergebracht, ein Holztisch und Stuhl bildeten das ganze Inventar, auch lag in der einen Ecke ein Ziegenfell, welches nach dem langen Marsche zwar sehr freundlich zur Rast einlud, aber ich verschmähte dieses Lager, denn auf meinen Wanderungen habe ich nur zu oft mit gewissen bissigen Tierchen intimere Bekanntschaft gemacht, um mich von neuem diesen Dudlgeistern auszusetzen. In aller Gemütsruhe rauchte ich eine Zigarette um die andere, bis endlich nach einer halben Stunde mein guter Freund, der mich verhaftet hatte, mit einem Leutnant erschien. Dieser war zum Glücke der beutschen Sprache mächtig, und so stand ich bald glänzend gerechtfertigt wieder zum Abmarsch bereit. Mehr aus Fürsorge für mich, wie er erklärte, gab mir der Leutnant noch eine Begleitung mit, die mich glücklich über die Grenze spedierte.

* * *

Der Weg geht nun sehr steil bergab, so daß man in kurzer Zeit nach Schluderbach gelangt, fünf Stunden von Cortina entfernt. Ich weiß es nicht, weshalb dieser Ort so still und verlassen daliegt. Vermutlich sind die wenigen Hotels und sonstigen Gebäude zu sehr in das enge Felsental hineingezwängt, gleichsam als wäre uns die Luft zum Atmen benommen. Und doch ist es nicht so. Ein prächtiger, dichter Wald umgibt den Ort, zu dessen Füßen der Dürrensee den Monte Cristallo in seiner ganzen Schönheit widerspiegelt.

Der Gletscher dieses Gebirgsstocks steigt hier so tief herunter, daß er von Schluderbach in vier Stunden, auch bequem für Damen und ohne Führer zu erreichen ist. —

Mittagschwüle brütet über dem Dürrensee, das Wasser spendet keine Kühlung. Eine bedrückende Stille liegt in der Natur, kein Vogelruf, kein Käfersummen; der große Pan schläft!

Mit aller Gewalt kämpfe ich die bleierne Müdigkeit nieder, um vorwärts zu kommen, denn es scheint sich etwas vorzubereiten.

Bei einem Taleinschnitt bietet sich noch einmal ein schöner Blick auf die drei Zinnen und den seitwärts liegenden Haunold, während westlich der Dürrenstein und die hohe Geißl fortab die Fahrstraße und die ganze Gegend beherrschen.

In Landro, im Hotel zur Post, (in Tirol muß

man immer möglichst im Gasthause dieses Namens einkehren) gab es ein sehr gutes Mittagessen, und um vier Uhr hoffte ich in Toblach zu sein. Aber es wurde genau drei Stunden später. Kurz hinter Landro ging die Schwüle unvermutet in ein so heftiges Gewitter über, daß es mit Lebensgefahr verbunden war, weiter zu gehen. Einige Baracken, zu Zwecken von Schießübungen errichtet, hätten wohl Unterkunft gegeben, aber die Soldaten verweigerten den Zutritt, und bis auf die Haut naß kehrte ich nach Landro zurück, um das Gewitter abzuwarten. Der Regen hörte auch an diesem Tage nicht mehr auf, mißmutig kam ich am Abend nach Toblach, dem viel genannten Ort, von der Rienz durchflossen.

Am Bahnhofe fallen die großen Hotels und Logierhäuser den Reisenden nicht sehr anheimelnd in die Augen, auch zeichnet sich dieser Teil durch keine besonders schöne landschaftliche Lage aus, dagegen sind hier die Preise recht gepfeffert. Deshalb ging ich eine halbe Stunde weiter nach Dorf Toblach, das sich etwas bescheidenerer Ansprüche rühmen kann.

Mein erster Gang war dorthin, wo durch ein blankes Seifenbecken der Verschönerungsrat, wie der Berliner sagt, sich allen die es nötig hatten, bringend empfehlen wollte. Und auch ich gehörte zu dieser Kategorie, denn seit Sankt Ulrich war kein Messer mehr über mein Gesicht gekommen. Als ich ganz bescheiden meine vierzig Heller auf den Tisch legte, wie es in Bozen üblich, sagte Meister Schaum: „nein, es kostet sechzig Heller, denn die Herren, die aus den Dolomiten kommen, haben durch das Bergsteigen so lange Gesichter erhalten, daß ich noch einmal soviel Fläche abschaben muß!"

Die Wanderung durch die Dolomiten hat in Toblach ihr Ende erreicht. Hier gilt es sich entscheiden, ob man in Nord- oder Südtirol den Rest der Ferien verbringen will. Noch hatte ich acht Tage Zeit, und eingedenk des Regenwetters, das diesen Sommer so besonders auszeichnete, beschloß ich, jedenfalls unterhalb des Brenners zu bleiben. Es kamen dafür mehrere Orte in Betracht, das sehr beliebte und besuchte Gossensaß, dann Franzensfeste und endlich

Sterzing. Dieser reizende kleine Ort, der so sehr das Gepräge des Mittelalters trägt, daß man sich darin ein paar Jahrhunderte zurückversetzt glaubt, fand schließlich meine Wahl. Ich werde davon später erzählen. Das Pustertal, durch welches mich am nächsten Tage die Bahn entführte, gehört mit zu den schönsten tiroler Tälern. Es ist immer derselbe und doch wechselvolle Eindruck, den diese landschaftlichen Reize auf uns ausüben, dieselben gewaltigen, schneeigen Firnen, die dunklen Wälder, die grünen Matten und die alten Ruinen, die sich auch hier in großer Zahl an die Bahn herandrängen. Im Talkessel, zwischen Wald und Bergen, liegt das freundliche und regelmäßig gebaute Städtchen Bruneck, gekrönt von einem alten Schloß. Von hier ist Übergang ins Tauferer Tal und von dort weiter ins Raintal und den Zillergrund.

Es folgt Station Mühlbach in sehr romantischer Lage; mehrere Täler haben hier ihren Treffpunkt, und nach kurzer Eisenbahnfahrt hält der Zug in Franzensfeste. Wie der Name sagt, ist die Stadt und die Umgebung durch starke Fortifikationen derartig geschützt, daß eine Invasion nach Norden durch diesen Engpaß fast zur Unmöglichkeit wird.

Man verläßt hier den Zug, um die von Bozen kommende Südbahn zu benutzen. Der ganze Aufenthalt dauert sonst zwölf Minuten; infolge eines grauenhaften Vorganges, der sich vor meinen Augen abspielte, hatten wir eine bedeutende Verspätung. Während der Südbahnzug langsam in die Station einfuhr, versuchte ein Eisenbahnbeamter vom Zuge abzuspringen, geriet dabei unter die Räder, und wurde schrecklich zugerichtet. Ich stand in unmittelbarer Nähe, als man ihn hinwegtrug; ein im Zuge anwesender Arzt und der Pfarrer des Ortes haben jeder in seiner Weise versucht, dem Sterbenden die letzten Qualen zu erleichtern. Noch lange stand ich unter dem Banne dieses Ereignisses.

* * *

Bevor man Sterzing erreicht, passiert die Bahn die sogenannte Sachsenklemme, wo mehrere hundert

Sachsen durch die Tiroler gefangen wurden, dann Mauls, am Sterzinger Moos gelegen; hier und in der Nähe bei Mittewald fand gleichfalls 1809 ein für die Tiroler siegreiches Gefecht statt.

Nun sind wir in Sterzing, und dem Hausdiener des Hotels „Neue Post" gelingt es am Bahnhof, mit wenig Überredungskunst, meine Person zu gewinnen. Und ich habe es nicht bereut. Ein einfaches, helles Zimmer, freundliche Bedienung und billige Preise, was will man mehr? Das ganz altertümliche Städtchen, das römische Vipitenum liegt am rechten Ufer der Eisack, hat nur eine Hauptstraße und mehrere Nebengäßchen, zierliche alte Häuser mit zahlreichen Erkern und Laubengängen. Alles sehr eng und zusammengedrängt, was aber nicht hindert, daß die Mahlzeiten auf der Straße eingenommen werden. Man mag wollen oder nicht, es scheint dort so üblich, daß jedes der vielen Gasthäuser seine Gäste möglichst auf die Straße setzt, natürlich immer hinter einem sauber gedeckten Tische, der fast den ganzen

Tag draußen steht. Es ist ein gemütliches, patriarchalisches Leben.

Das historische Hotel "Alte Post" in Sterzing, häufiges Absteigequartier Andreas Hofers, ist eine Sehenswürdigkeit ersten Ranges und wird allen Touristen empfohlen. Erwähnt sei die Zunftstube, der Torgelkeller, das Fürstenzimmer und andere Räume. Über hundert Fürstlichkeiten haben dem Hause nach und nach Besuche abgestattet, und zum Teil dort Aufenthalt genommen.

An der Brennerstraße mündet das Ribnauntal ins Eisaktal und bietet verschiedene Touren und Übergänge. Eine besuchte Hochtour führt über das Kaiserin Elisabethschutzhaus auf dem Becher zur Teplitzer Hütte. Vom Becher großartige Aussicht auf den "Wilden Pfaff", "Zuckerhütl" und "Sonnklarspitze", alle über 3400 Meter hoch. Die Straße über den Jaufenpaß, welche ins Passeiertal und weiter nach Meran geht, wurde kürzlich fertiggestellt, und verspricht dem kleinen Ort einen größeren Aufschwung.

Ich nenne Sterzing die Marmorstadt, überall

trifft man hier auf den geschätzten Stein, und selbst die Landstraßen sind mit den Trümmern und Abfällen von Marmor gepflastert, obwohl er durch seine Weichheit dafür ungeeignet ist. Zwei Stunden entfernt liegt die Gylfen, auch Kaiser Josefsklamm genannt. Der Weg dorthin ist zum Teil sonnig und wird durch vielen Staub recht lästig, deshalb ziehen es manche Touristen vor, die sogenannten Stellwagen zu benutzen. Wer seine Knochen lieb hat, gehe indessen besser zu Fuße.

Am Schafferhaus in der Stange bei Sterzing, auf dem Wege zur Gylfenklamm, sind zwei Tafeln mit nachstehendem Inhalt angebracht:

Tafel 1.

Zur Erinnerung an den 10. April 1809, wo Andreas Hofer mit seinen Spitzen über den Jaufen stieg, sich hier mit unseren Leuten vereinigte und in Sterzing nach kurzem, aber hitzigem Kampfe die ganze feindliche Truppe gefangen nahm.

Tafel 2.

General Lefebvre, der mit seiner großen Abteilung französischer Truppen am selben Abende von Brixen kam, ritt bis hier herein, weil er erfahren, daß die Gefangenen nach Wolfsturm transportiert wurden; doch aus Furcht gefangen zu werden, zog er sich zurück.

Der Text dieser Tafeln ist sonst nirgends gedruckt.

Hinter Mareit gelangt man in schönen Wald und nach kurzer Wanderung zu dieser merkwürdigen und mit Recht gerühmten, aber noch wenig bekannten Talenge. Der Wildbach hat sich im Laufe der Jahrtausende durch die gewaltigen Berge einen Weg gebahnt, und das Gestein derartig freigelegt, daß man zeitweise durch richtige Marmorschluchten hindurchschreitet. Der Eintritt kostet fünfzig Heller, das Geld wird zur Erhaltung der Brücken und sonstigen Bauten verwendet, womit man dem Publikum den Zutritt erschlossen hat.

Der Aufenthalt in Sterzing wurde mir um so

angenehmer, als ich einen liebenswürdigen Begleiter für die gemeinsamen Touren fand, und kein Tag verging ohne einen größeren Ausflug. Die Besteigung des Roßkopfes zur Hütte gleichen Namens erfordert volle vier Stunden, ist ziemlich beschwerlich, bietet aber eine vorzügliche Rundsicht, die sich bis auf die Groß-Glocknergruppe erstreckt. Ebenso lohnend, aber noch anstrengender war unsere Wanderung zum Hühnerspiel mit der Amthorspitze. Die Kletterei dauert hier fünf Stunden. Proviant wurde mitgenommen, denn oben gibt es nichts; der Wind pfeift dort ohne Schutz dem Bergsteiger unsanft um die Ohren. Der Abstieg war noch schlimmer; über Schneehalden, Geröll und Gestrüpp ging es langsam zu Tale. Die Dunkelheit überraschte uns im Walde am Fuße des Berges, und nach verschiedenen Rutschpartien und Hautabschürfungen waren wir plötzlich auf dem Bahnkörper, wo ein gefälliger Wärter uns auf die richtige Straße brachte, denn fast wären wir entgegengesetzt nach Gossensaß gelaufen.

Freunde von Burgen und Ruinen kommen in

Sterzing sehr auf ihre Rechnung. Burg Welfenstein an der Brennerstraße ist die bemerkenswerteste. Wir durchwanderten alle Räume, und in einer Rüstkammer trieb mich der Übermut dazu, mein Haupt mit einer alten Eisenkappe zu bedecken.

„Ach, darf ich Sie nicht knipsen?" fragte eine weibliche Stimme aus dem Hintergrunde, und gleich war der schwarze Kasten bereit!

„Gewiß, meine Gnädigste, ich nehme noch ein Schwert und eine Hellebarde zur Hand."

So wurde ich auf Burg Welfenstein von einer jungen Dame geknipst, aber das Bild soll ich noch heute erhalten.

An der Straße nach Gossensaß liegt eine sehr gut erhaltene Ruine, deren Namen ich vergessen habe. Der Tag war glühend heiß. Auf dem alten Turme flatterten helle Gewänder, und das Gekicher von Mädchenstimmen veranlaßte wohl meinen Gefährten, dem Turme auch einen Besuch abzustatten, während ich unten blieb.

> Den Turm umklettert ein Rosenstrauch
> Mit Ranken, schweifend und lose,
> Ich weiß nicht, fiel sie vom Windeshauch,
> Doch nieder fiel eine Rose!

Ja, sie fiel wirklich, eine schöne, dunkelrote Rose, die ich stolz an meinen Hut steckte, um sie in Sterzing Fräulein Maria, unserer Wirtin Töchterlein, zu verehren.

Ich hatte anscheinend eine Eroberung gemacht, die Enttäuschung kam aber noch früher und unvermutet. Der Schelm von Begleiter hatte im Gärtchen des Kastellans die Rose gekauft und sie mir ungesehen vom Turme zugeworfen. Er wurde zur Strafe am Abend zu einer Doppelkaraffe Terlaner verurteilt.

Die letzten Ferientage gingen schnell vorüber; an einem heitern Morgen saß ich wieder auf der Bahn, um nordwärts zu fahren. Mein Freund gab mir einige Stationen weit das Geleite, und wir trennten uns schließlich mit herzlichem Händedruck und dem Zuruf:

„Auf Wiedersehn im schönen Land Tirol!"

Literatur: „Die neue Dolomitenstraße und ihre Zugänge" von Karl Felix Wolff in Bozen hat mir viel Anregung gegeben. Die fremden Ortsnamen sind dem Büchlein entnommen, das ich allen Dolomitenwanderern dringend empfehlen möchte.

Leonhard Wenzel
Partenkirchen — Garmisch.

Buch- u. Kunsthandlung
Leihbibliothek
Papierhandlung
Mal-Utensilien

Grosses Lager von Ansichtskarten
Verlag des Führer von
Partenkirchen, Garmisch, Kainzenbad und Umgebung.

Druckfehlerberichtigung und Anmerkungen:

Seite 11   Die Paßhöhe liegt genau genommen zwischen Seefeld und Reith, dagegen wird der Paß nach dem Orte Scharnitz benannt.

ebenda: Die alten Befestigungen Porta Claudia sollen im 30jährigen Kriege errichtet sein und wurden 1805 von den Franzosen gänzlich zerstört. Ohne Zweifel haben indessen die Römer hier Verteidigungswerke gehabt.

Seite 12   lies Miemingergebirge.

„ 14   lies Frau Hitt und Lanserköpfe.

„ 36   Marmoleta ladinisch, — italienisch Marmolata.

„ 43   lies Croda di Lago.

„ 44   lies Misurina.

„ 45   lies Tre Croci.

„ 56   Vom Ridnauntale gelangt man erst zur Grohmann- und Teplitzerhütte, dann zum Becherhaus.

„ 60   Burgruine Straßberg.

Anhang.

Das Hornschloss.

Eine Idylle aus Schlesiens Bergen.

O, wie gern mit ihren Schilden
Und Gebilden
Mag ich abends sich vergülden
Dieser Tore Rosen sehn!

O, wie gerne mag ich schauen
Diese grauen
Heil'gen, die, aus Stein gehauen,
Leis für die Lebend'gen flehn!

(Alfred de Musset.)

Diese Verse eines meiner Lieblingsdichter mit seiner romantischen Ruinenstimmung wollten mir nicht aus dem Kopfe, als ich an einem schönen

Sommermorgen auf der Eisenbahn meiner oft besuchten Idylle, dem Reimsbachtal, entgegeneilte. Der Gedanke, die liebgewonnene Burgruine, das Hornschloß, wieder besuchen zu können, hatte die poetische Stimmung in mir geweckt und erst der Ruf „Wüstegiersdorf" brachte mich aus den Träumen in die Wirklichkeit zurück. Die beiden einzigen Gepäckträger des kleinen Bahnhofs begrüßten mich als alten guten Bekannten und waren geschäftig bemüht, meine Sachen auf den Wagen zu bringen. Freilich der „Großvater" mit dem Einspänner war nicht zur Stelle, er ruhte seit einem halben Jahre auf dem hochgelegenen Donnerauer Kirchhof, dafür empfing mich sein flachshaariger Enkel, der Sohn meiner Wirtin im Gasthause „Zum frohen Morgen". Nach einer halben Stunde waren wir daheim und so gut einquartiert, wie man es sich auf der Reise nur wünschen kann.

Das wildromantische Reimsbachtal liegt im Kreise Waldenburg in jenem Teile des weitverzweigten Berglandes, das den Namen Heidelgebirge führt.

Hohe, prächtig bewaldete Berge schützen das Tal gegen Nord- und Ostwinde, so daß es die gleichen klimatischen Verhältnisse hat wie das nur eine Stunde entfernte, bekannte Görbersdorf. Munter plätschert der forellenreiche Bach zwischen Bergschluchten und saftigen Wiesengründen dahin, um sich nach kurzem Laufe mit der Glatzer Weistritz zu vereinigen. Der Ort Reimsbach ist nur klein, die Bewohner ernähren sich meist durch Waldarbeit in den umliegenden Fürstlich-Pleßschen Forsten. Keine Fabrik stört bis jetzt die Idylle, und die tiefe Ruhe wird nur zeitweise durch das Geräusch einer Sägemühle unterbrochen, welche nach dem bekannten Kernerschen Liede zu den romantischen Reizen einer einsamen Gegend nicht fehlen darf.

Die Berge bestehen aus Granit und vorherrschend rotem Porphyr, dieser bildet einen eigenartigen Kontrast zu der üppigen Vegetation.

Hinter dem malerisch gelegenen Försterhäuschen windet sich der Weg zum Hornschlosse ziemlich steil bergan. Zunächst durchschreiten wir eine saftige, blumenreiche Wiese und dann nimmt uns tiefer Waldesschatten, ein prächtiger alter Buchenwald auf. In dieser Höhe von 2600 Fuß findet man einen solchen ausgedehnten Buchenbestand nur sehr selten und es wird seitens der Forstbeamten die Vermutung aufgestellt, daß frühere Burgbesitzer diese Waldung angepflanzt haben.

Immer steiler wird der Pfad, es wechseln Waldwiesen mit Laub- und Tannengehölz, mächtige Felsblöcke liegen zerstreut im Walde umher und überall sickert aus dem feuchten Boden das klare Wasser hervor, welches sich in kleinen Rinnsalen sammelt und mit klingendem Geräusch talabwärts eilt.

Nach einer Wegebiegung gelangen wir auf die Bergebene, auf welchem die Trümmer der alten Burg liegen. Welch ein Anblick! Da man die Felsen als Unterbau benutzt hat, ragen diese wie Zyklopenmauern in die Höhe, während von dem eigentlichen Gemäuer nur geringe Reste vorhanden sind. Der ehemalige Burghof ist mit einer grünen Decke von Gras und Moos überzogen und hier läßt es sich gut ruhen. Tief unter uns erblicken wir die Ortschaften Charlottenbrunn, Reimswaldau, Donnerau, Wüstegiersdorf und Reimsbach, deutlich erkennen wir den langen Kamm des Riesengebirges, während im Süden das langgestreckte Eulengebirge und mehr im Westen die Heuscheuer hervortreten. Nicht wenig trägt zu dem Schmuck der Ruine der reiche Blumenflor bei, und Botaniker suchen mit Vorliebe die Abhänge des Hornschlosses auf. Nirgends habe ich die Glockenblume in solcher Größe und Farbenabtönung gefunden als hier, und der schwarzblaue Eisenhut, die „Tarnkappe der Geister", mischt sich unter die roten Früchte des Himbeergesträuches. Das im Riesengebirge fast ganz ausgerottete zarte Blümchen „Hab mich lieb" ist hier noch zu finden und auf den hochgelegenen Bergwiesen blüht die goldgelbe Arnika neben der keuschen Gentiane, der blauen Blume. Ich liege behaglich im dichten Grase zwischen dem alten Gemäuer. Die grelle Mittagssonne brütet auf dem Gestein, zuweilen huschen Wolkenschatten hinüber und traumhaft läuten die Glockenblumen. In solchen Augenblicken ergreift uns der süße Schauer der Romantik und längst vergangene Tage und Sagen steigen vor unseren Augen auf. Eine Erzählung von dem Hornschloß lasse ich hier folgen, wie ich sie dem jetzt vergriffenen Reimannschen Buche über die Burgruinen des Kreises Walbenburg entnommen und mit dichterischer Freiheit bearbeitet habe. —

Gegen Ende des vierzehnten Jahrhunderts lebte auf der Hornsburg der alte Graf Nickelbolze mit seiner Frau, seinem Sohne und einer Pflegetochter Agnes. Konrad fand Gefallen an der schmucken Agnes, und diese schwärmte für den jungen, stattlichen Ritter; die Folge davon war — ein Liebesverhältnis. Die glücklichen Tage des Brautstandes wurden jedoch getrübt durch Nachrichten von den Verheerungen des Schlesierlandes seitens der Hussiten, und Agnes zitterte vor Angst, wenn sie daran dachte, daß ihr Bräutigam gegen die „Bluthunde" in den Krieg ziehen sollte. Konrad hatte zu seinem Waffenputzer und Diener einen Böhmen, namens Georg aus Nachod gebürtig, in der ganzen Gegend wegen seines unheimlichen Blickes der „schwarze Georg" genannt. Von diesem Menschen fürchtete Agnes das Schlimmste für ihren Bräutigam und bat letzteren inständig, den ihr Furcht einflößenden Gesellen zu entlassen. Dazu war Konrad nicht zu bewegen, das einzige, was er tat, war, daß er den Georg nicht mit in den Krieg nahm, sondern ihm die Burgwacht anvertraute, was letzteren empfindlich kränkte und mit Groll gegen den jungen Ritter und dessen Braut erfüllte.

Die Truppen der Schlesier sammelten sich in und um Schweidnitz. Der Stadthauptmann gab den Anführern der Mannschaften einen Gesellschaftsabend, an welchem sich auch eine große Anzahl Frauen und Fräulein aus Schweidnitz und Umgegend beteiligte. Beim fröhlichen Reigen lernte Konrad ein Mädchen von blendender Schönheit, namens Maria, kennen, die sich in der Gesellschaft eines flachen, geschwätzigen Ritters, namens Niclas, langweilte. Die kräftige Gestalt und Konrads ritterliches Benehmen erregte nicht nur Aufsehen bei sämtlichen Festteilnehmern, sondern auch den Haß des Nicklas, welcher bald beleidigend gegen Konrad wurde. Nur das Dazwischentreten des Stadthauptmanns verhinderte einen Zweikampf der beiden Ritter; aber in Konrads Herzen blieb der Haß gegen Nicklas und — auch die glühende Leidenschaft für die schöne Maria zurück.

Währenddessen brütete „der schwarze Georg" auf dem Hornschloß Rachegedanken, weil er nicht mit in den Krieg ziehen durfte, und sein Entschluß war bald gefaßt: er wollte die ihm anvertraute Burg verraten. Eines Tages war er verschwunden. Das schlesische Heer zog durch das Braunauer Ländchen und durch die Grafschaft Glatz bis Nachod. Die wutentbrannten Schlesier machten die ganze Umgegend im Böhmerlande zur Einöde, zogen aber ohne etwas von Bedeutung erreicht zu haben, wieder heim. Nach dem Feldzuge heiratete Konrad seine Braut Agnes — doch er hatte Maria noch nicht vergessen und der sonst so heitere Ritter ward ein düsterer Träumer, worüber sich Agnes, die den wahren Grund nicht ahnte, abhärmte und grämte.

Das rohe, unmenschliche Auftreten der Schlesier in der Umgebung von Nachod sollte ein Jahr später (1428) blutige Früchte tragen. Die Hussiten drangen brennend und mordend in Schlesien ein. Konrad eilte zu Pferde nach Schweidnitz, um Verstärkungsmannschaften für seine bedrohte Burg zu holen. Unterwegs stürzte sein Pferd, er verwundete sich sehr schwer am Kopfe und mußte einige Wochen in Schweidnitz auf dem Schmerzenslager zubringen. Währenddessen kam ein Haufen wilder Hussiten vor die Hornsburg. Ihr Anführer war — „der schwarze Georg". Olbersdorf, Märzbach, Donnerau und Reibnitzwalde (Reimswaldau) wurden niedergebrannt und in einer schrecklichen Gewitternacht erstürmten die Hussiten das gut verteidigte und feste Hornschloß. Agnes lag während des tobenden Kampfes betend auf den Stufen des Altars der Schloßkapelle. Hier fand sie der racheschnaubende schwarze Georg — ein Dolchstich machte ihrem Leben ein Ende! Den folgenden Tag eilte der wieder genesende, nichts ahnende Graf Konrad aus Schweidnitz' Mauern nach Hause, leider hatte er Hilfstruppen nicht erhalten. Schon von weitem erblickte er die noch rauchenden Trümmer der Burg. Von Angst gepeinigt, sprengt er durchs Dickicht zur Unglücksstätte; von der Burg steht nichts mehr als die Schloßkapelle mit ihrer nächsten Umgebung. Am Altar findet der Ritter Konrad die Leiche seines jungen Weibes; Vorwürfe und Schmerz kämpfen jetzt in seinem Innern. Während er sinnend dasteht, hört er Tritte. Schnell versteckt er sich hinter dem Altar. In die Kapelle tritt der treulose schwarze Georg und will aus einer verschlossenen Wandnische dort von ihm verborgene Kostbarkeiten fortschleppen. Konrad, der jetzt einsieht, was Georg für ihn geworden, springt vor und schlägt den Treulosen mit seinem Schwerte zu Boden. — Voll tiefer Trauer kehrt er nach Schweidnitz zurück und findet in des Hauptmanns Hause freundliche Aufnahme. — Den Schluß der Sage bildet die Verheiratung Konrads mit der schönen Mariä, die gleichsam aus einem düsteren, mystischen Traume erwachend, sich von dem Ritter Nicklas losgesagt, einem Lebensglück folgte, das die schwer geprüften Liebenden nun dauernd vereinigte.

* * *

Das Hornschloß wird auch Domschloß, Heiden- oder Heinzetempel genannt, und leitet man diese Namen aus mancherlei Veranlassungen her.

So erzählt die Sage, daß ein schlimmer Raubritter, der schwarze Horn genannt, der Burg den Namen gegeben hat, was aber nicht erwiesen ist.

Jedenfalls hat sie schon um das Jahr 1200 bestanden und ist vermutlich Herzog Boleslaus der Erste von Liegnitz der Erbauer gewesen. Sein Sohn, Bolko I. von Schweidnitz, hat die Befestigungen erweitert. Die ersten geschichtlichen Urkunden sind von 1309. Damals erhielt Bolkos Witwe Agnes das Hornschloß nebst anderen in der Nähe befindlichen Orten als Leibgedinge. Mancherlei Wechsel folgte, bis im Jahre 1430 die Familie

Schellendorf in den Besitz der Burg gelangte und diese fast siebzig Jahre innehatte. 1497 soll das Hornschloß von Grund aus zerstört sein, weil sein damaliger Besitzer, Hans von Schellendorf, trotz eindringlicher und wiederholter Abmahnungen von der Wegelagerei nicht lassen mochte.

www.ingramcontent.com/pod-product-compliance
Lightning Source LLC
Chambersburg PA
CBHW030411170426
43202CB00010B/1574